Tabla de contenido

Nuestro lugar en el universo 4

El Sol 6

Los planetas 8

¡Planetas enanos a montones! 22

Asteroides, meteoroides y cometas 24

Las constelaciones 26

Apéndices 28

    Laboratorio: recolectar micrometeoritos 28

    Glosario 30

    Índice 31

    Sally Ride Science 32

    Créditos de imágenes 32

Nuestro lugar en el universo

¿Alguna vez observaste el cielo nocturno y te preguntaste qué había allí? A lo largo de la historia, las personas han contemplado el cielo con la esperanza de encontrar pistas sobre el lugar que ocupamos en el universo.

Hace mucho tiempo, se pensaba que la Tierra era el centro del **sistema solar**. También se pensaba que el Sol, la Luna, las **estrellas** y otros **planetas** giraban a su alrededor. Los científicos luego descubrieron que la Tierra es solo uno de al menos ocho planetas que forman nuestro sistema solar. Descubrieron que todos los planetas giran alrededor del Sol.

¡Tú estás aquí!

Nuestra galaxia, la Vía Láctea, es una galaxia espiral

Las maravillas de nuestro

sistema

solar

Lisa E. Greathouse

Créditos de publicación

Rachelle Cracchiolo, M.S.Ed., *Editora comercial*
Emily R. Smith, M.A.Ed., *Vicepresidenta superior de desarrollo de contenido*
Véronique Bos, *Vicepresidenta de desarrollo creativo*
Dona Herweck Rice, *Gerenta general de contenido*
Caroline Gasca, M.S.Ed., *Gerenta general de contenido*

Autores colaboradores en ciencias

Sally Ride Science

Asesores en ciencias

Nancy McKeown, *Astrogeóloga*
William B. Rice, *Ingeniero geólogo*

5482 Argosy Avenue
Huntington Beach, CA 92649
www.tcmpub.com
ISBN 979-8-7659-6057-8
© 2024 Teacher Created Materials, Inc.
Printed by: 51497
Printed in: China

Vagando en el espacio

La palabra "planeta" proviene de una palabra griega que significa "vagabundo". Los antiguos griegos notaron que algunas de las luces del cielo nocturno parecían vagar, o moverse sin rumbo fijo, por el firmamento. Ahora sabemos que los planetas se mueven siguiendo una trayectoria invisible alrededor del Sol. Esa trayectoria se llama **órbita**.

Los **astrónomos** ahora saben que nuestro sistema solar tiene casi 5,000 millones de años. Está en el borde de nuestra galaxia, la **Vía Láctea**. Nuestra galaxia es una de las 100,000 millones de galaxias que hay como mínimo en el universo. ¡Cada galaxia tiene miles de millones de estrellas! Solo en nuestra galaxia hay unos 200,000 millones de estrellas.

La Vía Láctea es una galaxia espiral. En las noches muy oscuras, parece una banda brillante que atraviesa el cielo. Es tan ancha que la luz tarda unos 100,000 años en cruzarla.

El Sol

El Sol es una estrella que está ubicada en el centro del sistema solar. No es la estrella más grande de nuestra galaxia ni la más brillante, pero es la que se encuentra más cerca de la Tierra. Es el cuerpo celeste más grande de nuestro sistema solar. De hecho, contiene el 99.8 por ciento de toda la **masa** del sistema solar.

El Sol es la principal fuente de energía en la Tierra. Nos da luz y calor. Permite que existan las plantas, los vientos, las corrientes oceánicas y el ciclo del agua. Sin el Sol, la Tierra sería muy fría. Sería tan fría que ningún ser vivo podría sobrevivir aquí.

Al igual que otras estrellas, el Sol está compuesto por dos gases calientes: hidrógeno y helio. La temperatura en su centro es de unos 15 millones de grados Celsius (27 millones de grados Fahrenheit).

El Sol también tiene **gravedad**. La fuerza de gravedad que ejerce sobre los planetas hace que la Tierra y los demás planetas del sistema solar se mantengan en su lugar y giren en órbita alrededor del Sol.

¡Qué grande!

El Sol es una estrella de tamaño mediano conocida como enana amarilla. No es una estrella grande, ¡pero en su interior cabrían 1.3 millones de Tierras!

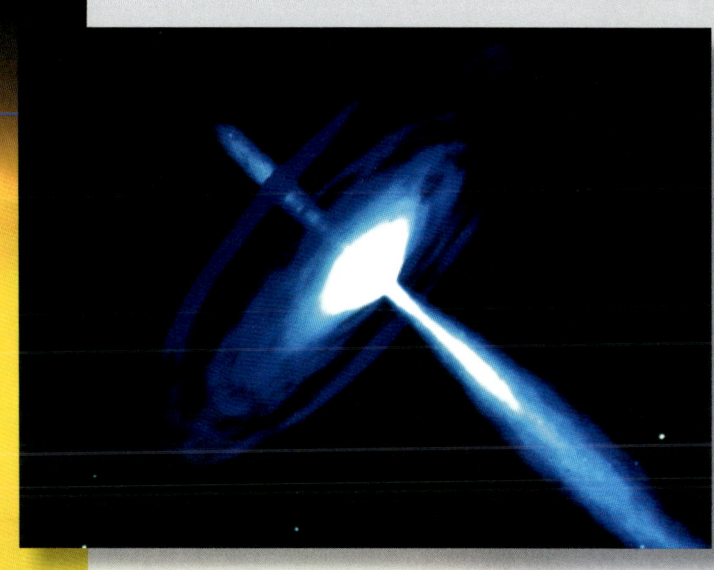

¿Qué es un agujero negro?

Un agujero negro se forma cuando una estrella gigantesca consume toda su energía. A medida que las estrellas mueren, su propia fuerza de gravedad las hace colapsar. La gravedad allí es tan grande que ni siquiera la luz consigue escapar. Todos los objetos que son atraídos hacia un agujero negro se vuelven invisibles. Un agujero negro en realidad no es un agujero. Es un área repleta de **materia**. Solo se puede detectar la presencia de los agujeros negros por la forma en que atraen a los objetos que se les acercan. Los científicos hallaron un agujero negro que tiene apenas unos pocos kilómetros de ancho. ¡Pero pesa lo mismo que 3,000 millones de soles!

Los planetas

Mi Vecino Tiene Muchos Jardines Sin Uvas Negras.

Desde hace muchísimos años, las personas recurren a oraciones como la de arriba para recordar el nombre de los ocho planetas. La primera letra de cada palabra corresponde a un planeta. Este método también sirve para recordar el orden de los planetas contando desde el Sol. Los planetas son Mercurio, Venus, Tierra, Marte, Júpiter, Saturno, Urano y Neptuno.

Un planeta es un gran cuerpo celeste que gira alrededor de una estrella en el espacio. También refleja la luz de esa estrella. El Sol es la estrella alrededor de la cual giran los planetas de nuestro sistema solar. La mayoría de los planetas tienen más de una **luna** que gira a su alrededor. Mientras los planetas orbitan alrededor del Sol, también rotan, es decir, giran sobre su propio eje. Por eso existen el día y la noche. Cuando el lugar de la Tierra donde vivimos no está de cara al Sol, es de noche. El tiempo que tarda un planeta en rotar una sola vez es lo que dura un día en ese planeta. La Tierra tarda 24 horas en hacer una **rotación**, y por eso un día en la Tierra dura 24 horas.

¿Cuánto pesarías en otro planeta?

¿Crees que sabes cuánto pesas? Cuando te subes a una balanza en la Tierra, tu peso es, en realidad, la medida de la fuerza de gravedad que ejerce la Tierra sobre ti. Esa fuerza depende del tamaño del planeta. En los planetas que tienen más masa que la Tierra, te sentirías más pesado. En los planetas que tienen menos masa, te sentirías más liviano.

Entonces, si pesas 441 newtons (100 libras) en la Tierra, pesarías solo 166 newtons (38 libras) en Mercurio. La masa de Mercurio es mucho más pequeña que la de la Tierra. Si pudieras pararte en Júpiter, ¡pesarías 1048 newtons (236 libras)! Júpiter es unas 318 veces más grande que la Tierra. ¡Es mucha masa! Entonces, alguien que estuviera en su superficie también pesaría mucho.

Carreras de planetas

Los planetas que están más cerca del Sol se mueven más rápido. Mercurio completa una vuelta alrededor del Sol cada 88 días. ¡Neptuno, en cambio, tarda 165 años en rodearlo por completo! Un año en un planeta es la cantidad de días que tarda ese planeta en completar su órbita alrededor del Sol.

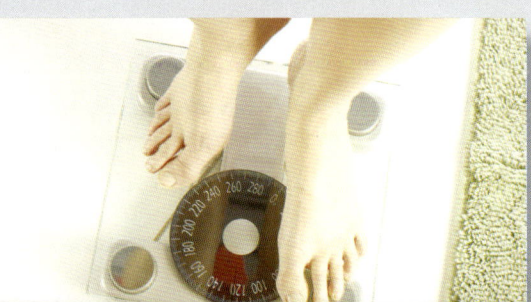

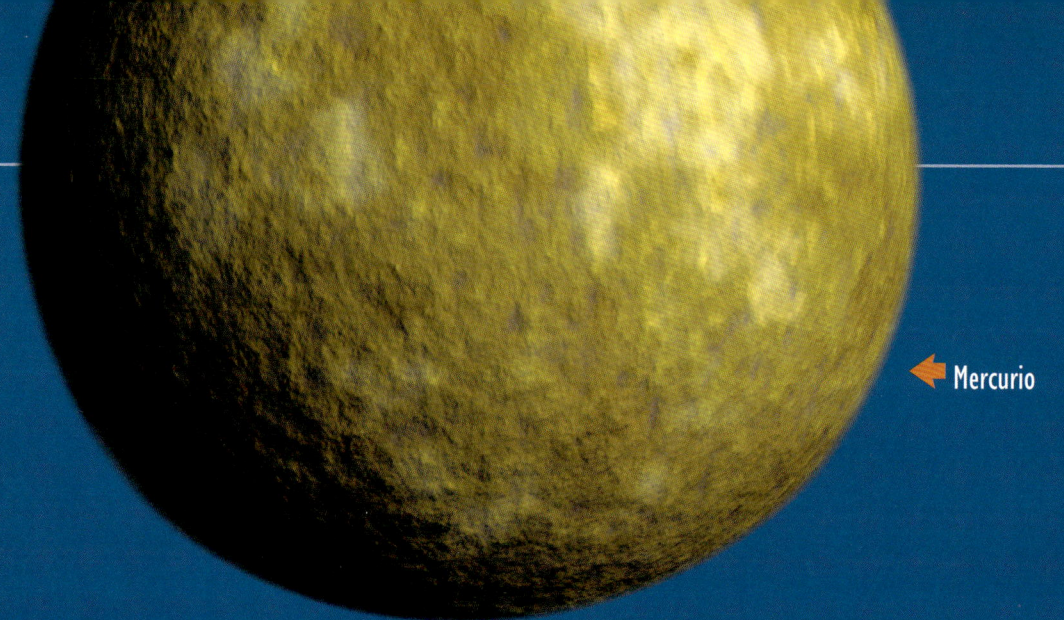

Mercurio

Mercurio y Venus

Mercurio es el planeta más cercano al Sol. Es uno de los **planetas interiores**. Los demás planetas interiores son Venus, la Tierra y Marte. Mercurio es el más pequeño de los cuatro. En todos los planetas interiores, la superficie es rocosa.

Mercurio está cubierto de **cráteres**, o agujeros poco profundos. Los cráteres se formaron por el impacto de objetos espaciales contra la superficie del planeta. En Mercurio, las temperaturas pueden ser muy altas. ¡El calor puede ser tan intenso como para derretir el plomo! La temperatura máxima en Mercurio es de unos 425 grados Celsius (797 grados Fahrenheit). Pero, por la noche, la temperatura puede descender hasta los 150 grados Celsius bajo cero (238 grados Fahrenheit bajo cero). Esta gran amplitud térmica se debe a que en Mercurio los días son muy largos. Un día en Mercurio equivale a unos 59 días terrestres. Las noches duran más o menos lo mismo que los días. Cualquier lugar que esté 59 días sin recibir luz solar puede volverse muy frío, pero, estando tan cerca del Sol, ¡al recibir la luz se vuelve muy caliente!

Venus es el segundo planeta en orden de proximidad al Sol. Es el planeta más caliente de nuestro sistema solar. También es el planeta que más brilla en el cielo nocturno. Sus densas nubes retienen el calor del Sol. ¡Las temperaturas en Venus pueden llegar a los 462 grados Celsius (864 grados Fahrenheit)! Venus es un poco más pequeño que la Tierra. Sin embargo, gira mucho más lento. Tarda 243 días terrestres en hacer una rotación. Y tarda 225 días terrestres en dar una vuelta alrededor del Sol. ¡Eso significa que, en Venus, un día dura 18 días terrestres más que un año!

Un planeta de diosas

Dado que Venus es el planeta más brillante del sistema solar, los romanos le pusieron ese nombre en honor a la diosa del amor y la belleza. Todo lo que hay en la superficie de Venus lleva el nombre de distintas diosas y otras mujeres de la historia y la literatura.

Venus ➡

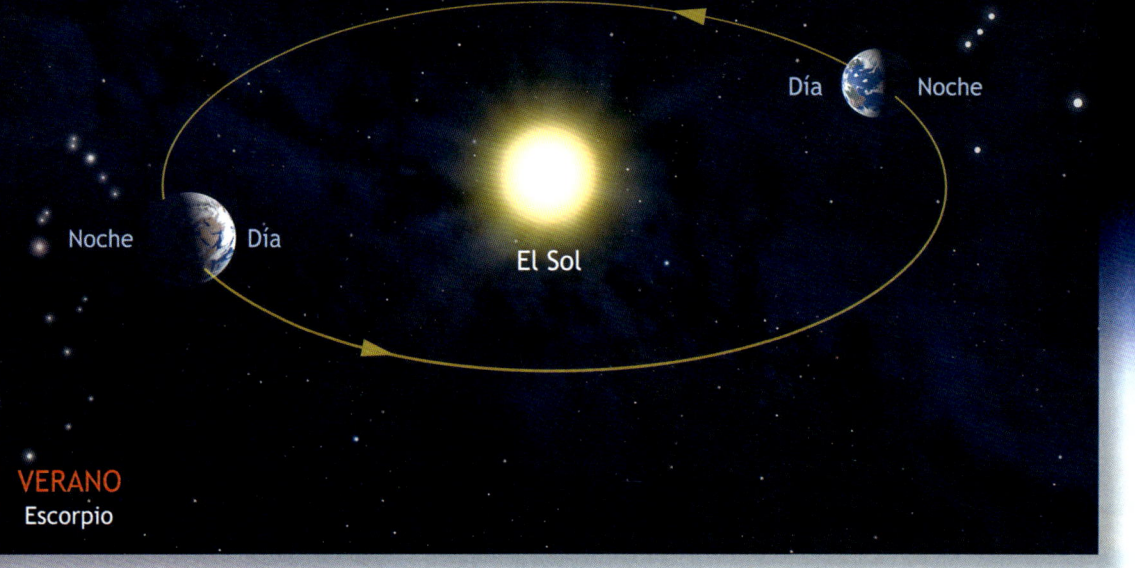

El Sol

Noche Día

VERANO
Escorpio

Cada año, la Tierra completa
una vuelta alrededor del Sol.

La vida en la Tierra

La **Tierra** no se parece a ningún otro planeta del sistema solar. Hasta donde sabemos, es el único planeta que alberga vida. Ningún otro planeta tiene océanos de agua. Hay lluvias en Venus, pero son muy ácidas. Sabemos que el agua es necesaria para la vida tal como la conocemos. El agua cubre tres cuartas partes de la superficie terrestre. Eso hace que la Tierra se vea azul desde el espacio exterior. La **atmósfera** de la Tierra contiene el oxígeno que nos permite respirar. También nos protege de los rayos mortales del Sol.

La Tierra tarda 365 días y 6 horas en dar una vuelta al Sol. Eso es un año terrestre. Además de orbitar alrededor del Sol, la Tierra rota a 1,660 kilómetros por hora (1,031 millas). En 24 horas, completa una rotación. Eso es un día terrestre.

El nombre de la Tierra

La Tierra es el único planeta del sistema solar que no lleva el nombre de ningún dios. Su nombre proviene del latín *terra*, que significa precisamente *"tierra"*.

La Luna de la Tierra

Alrededor de la Tierra gira una sola luna, ¡que es casi tan grande como el planeta Mercurio!

Esta espectacular foto de la Tierra fue tomada a una gran distancia, desde el espacio. Se ve parte de África, de Europa y de Asia.

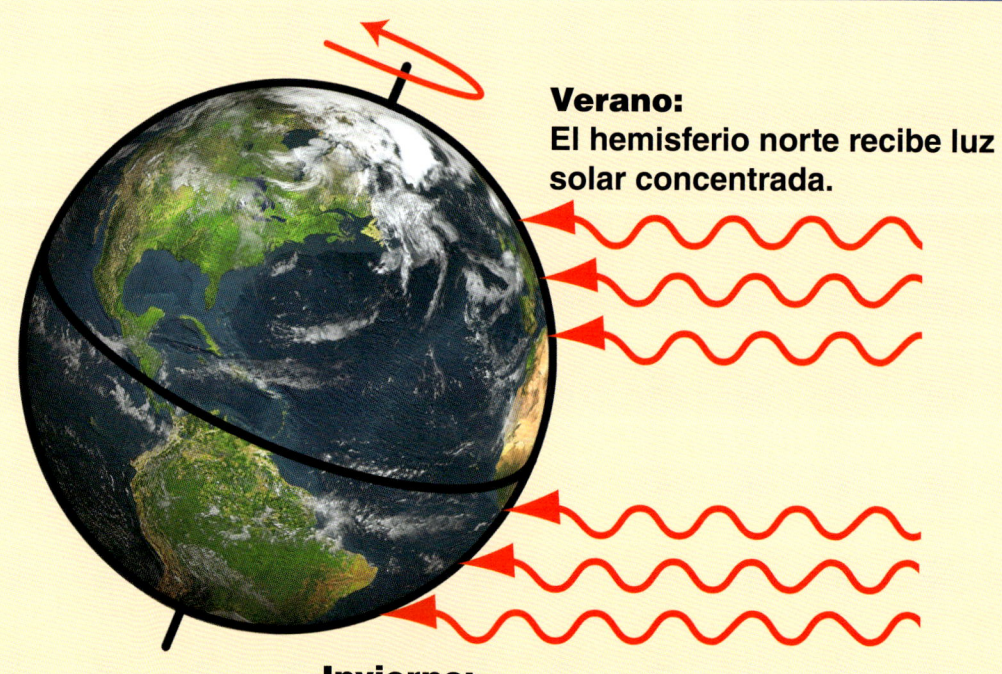

Verano:
El hemisferio norte recibe luz solar concentrada.

Invierno:
El hemisferio sur recibe luz solar dispersa.

Las cuatro estaciones

La inclinación de la Tierra causa las estaciones. Durante una parte del año, la mitad norte de la Tierra está inclinada hacia el Sol y recibe luz solar directa. Entonces, allí es verano. Al mismo tiempo, la mitad sur está inclinada en dirección contraria al Sol y recibe menos luz solar. Entonces, allí es invierno.

La inclinación de la Tierra no varía nunca. Lo que varía es la posición del planeta en su órbita alrededor del Sol. A medida que la Tierra da la vuelta al Sol, cambian las zonas que reciben más luz solar. Por eso tenemos estaciones.

Un pequeño paso

El 29 de julio de 1969, había más de 600 millones de personas mirando la televisión. Todas vieron el momento en el que el astronauta Neil Armstrong se convirtió en el primer ser humano en pisar la Luna. Se organizaron fiestas, reuniones en restaurantes y en cualquier lugar donde las personas pudieran estar cerca de un televisor para celebrar este suceso histórico. Todos se preguntaban cuáles serían las primeras palabras que se pronunciarían en la Luna. El mundo entero pareció contener la respiración mientras Armstrong bajaba la escalera vestido con su traje espacial. Armstrong descendió hasta la superficie lunar. Luego dijo estas famosas palabras: "Es un pequeño paso para el hombre, un gran salto para la humanidad".

Marte y Júpiter

Marte es un planeta frío y ventoso. Tiene las montañas más grandes del sistema solar. Su volcán más grande supera más de tres veces en altura a la montaña más alta de la Tierra. A Marte se le llama "el planeta rojo". El color rojo se debe al óxido que hay en su superficie. Este planeta tiene aproximadamente la mitad del tamaño de la Tierra. La temperatura promedio allí es de unos 60 grados Celsius bajo cero (140 grados Fahrenheit bajo cero). Los científicos creen que hubo agua en Marte hace millones de años. Siguen buscando indicios que permitan saber si hubo vida en ese planeta.

Júpiter es el planeta más grande del sistema solar. De hecho, ¡es más grande que los otros siete planetas juntos! También es uno de los cuatro planetas gigantes que están compuestos por gases. Júpiter tiene al menos 63 lunas. También tiene tres anillos muy tenues. Su característica principal es una enorme tormenta llamada la Gran Mancha Roja. Esta tormenta se formó hace al menos 300 años.

Esta reconstrucción muestra un vehículo explorando Marte.

Dos robots llamados Spirit y Opportunity exploraron Marte durante muchos años.

Guerreros y reyes

Marte lleva el nombre del dios romano de la guerra. Su color rojizo les recordaba a las personas la sangre derramada en las batallas. Júpiter recibió el nombre del rey de los dioses y las diosas romanos. Gracias a su tamaño, se convirtió en el "rey" de los planetas.

La Gran Mancha Roja de Júpiter

Marte

Un largo camino por recorrer

Saturno está casi dos veces más lejos del Sol que su vecino, Júpiter. Tarda casi 29 años en completar su órbita.

Saturno

Saturno y Urano

Muchos opinan que **Saturno** es el planeta más hermoso de todos. Eso se debe a sus miles de anillos. Los anillos están formados por hielo y rocas. Se mantienen en órbita alrededor de Saturno debido a la rapidez con la que giran y a la fuerza de gravedad de ese planeta.

Saturno es el segundo planeta más grande del sistema solar. Está compuesto principalmente de hidrógeno y helio. Tiene al menos 59 lunas. La más conocida es Titán. Es la única luna del sistema solar que posee atmósfera.

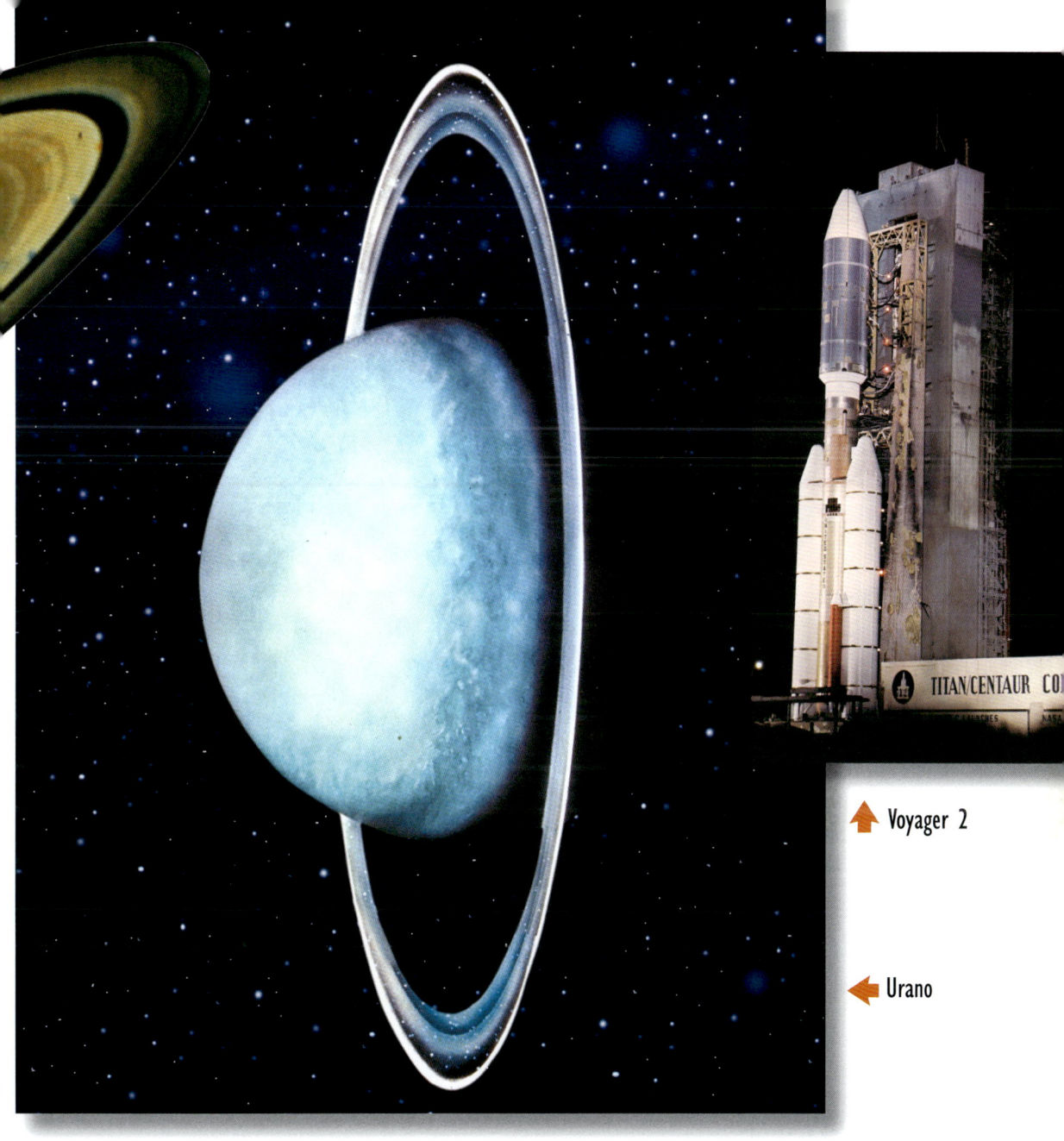

Voyager 2

Urano

Urano es el primer planeta que se descubrió con un telescopio. Parece un disco azul verdoso colocado de lado. Algunos astrónomos creen que Urano quedó de costado por una colisión con un objeto del tamaño de un planeta. La sonda espacial Voyager 2 fue la única que visitó el planeta. Ayudó a descubrir muchas de las 27 lunas de Urano que hoy conocemos. Se cree que Urano tiene 11 anillos que giran a su alrededor.

dos Neptunos

Neptuno y Plutón

En 1846, los científicos comenzaron a buscar un planeta que, según pensaban, podía estar influyendo en la trayectoria de Urano debido a su gravedad. Trazaron el lugar donde creían que podía estar ese nuevo planeta. Cuando apuntaron sus telescopios a ese lugar, ¡allí estaba **Neptuno**!

Neptuno es el último de los cuatro planetas gigantes. Lleva el nombre del dios romano del mar debido a su color azul oscuro. Neptuno tiene seis anillos y al menos 13 lunas. El clima allí es riguroso. ¡Los vientos soplan a más de 1,995 kilómetros (1,250 millas) por hora!

Los científicos querían encontrar un noveno planeta. Probaron el mismo método que con Neptuno: proyectaron el lugar donde creían que estaría. Cuando miraron, dieron con **Plutón**. Este planeta no fue descubierto hasta 1930. Se encuentra a más de 5,900 millones de kilómetros (3,700 millones de millas) del Sol. Plutón tarda 248 años en recorrer su órbita alrededor del Sol.

Plutón es diminuto. Tiene solo dos tercios del tamaño de nuestra Luna. Los científicos debatieron si Plutón tenía el tamaño suficiente para recibir el nombre de planeta. Llegaron a la conclusión de que debía considerarse un **planeta enano**.

¡Hola, Plutón!

Una nave espacial no tripulada se acercó a Plutón en el año 2015. La misión se llamó New Horizons.

Noche y día

Plutón está tan lejos del Sol que allí casi no hay diferencia entre la noche y el día.

Plutón

¡Planetas enanos a montones!

Después de descubrir Plutón, los científicos empezaron a encontrar muchos otros puntitos en el cielo. Algunos de esos objetos, que son parecidos a los planetas y también orbitan alrededor del Sol, recibieron nombres como *Sedna* y *Quaoar*. Otros tienen códigos, como 2003 UB313 y 2004 DW.

La mayoría de esos objetos fueron hallados en el **cinturón de Kuiper**, una nube en forma de disco compuesta por objetos helados y ubicada más lejos que Neptuno. También está Ceres, que los astrónomos solían considerar un planeta hasta 1802. Luego decidieron que era simplemente un enorme **asteroide** redondo.

Los científicos tenían que determinar qué se consideraba un planeta y qué no. Decidieron que un planeta tenía que orbitar alrededor del Sol. Tenía que ser redondo. Y tenía que ser el único elemento presente en su órbita. La órbita de Plutón cruza la órbita de Neptuno. Atraviesa el cinturón de Kuiper. Hay todo tipo de cosas en su recorrido. Plutón no puede ser un planeta.

Pero no te preocupes por Plutón. Lo acompañan Ceres y Eris (o UB313). Todos pertenecen a la nueva categoría de planetas enanos.

Animales en el espacio

No habría sido posible para los seres humanos viajar por el espacio si los animales no lo hubieran hecho primero. Los científicos estudiaron cómo reaccionaban los animales a las condiciones que existen en el espacio. Eso les sirvió para preparar a los astronautas humanos. El primer animal que viajó al espacio fue Laika, una perra de raza mixta que la Unión Soviética mandó al espacio en 1957. Desde la Tierra se monitoreó su estado de salud. Pero Laika murió en el espacio. Estados Unidos ha lanzado muchos animales al espacio. Ha enviado monos y ratones, entre otros. Muchos murieron. Sin esos animales, los viajes espaciales habrían sido mucho más peligrosos para el ser humano.

Hay muchos otros objetos de distintas formas y tamaños girando en órbita alrededor del Sol. Son restos de cuando se formó el sistema solar, hace 4,600 millones de años. A veces sus órbitas se cruzan con las de los planetas.

Los asteroides son trozos de roca. Su tamaño es variado: los más grandes miden cientos de kilómetros y los más pequeños, unos pocos metros. La mayoría se encuentra en un cinturón de asteroides situado entre Marte y Júpiter.

Los **cometas** son bolas de polvo, roca, gas y hielo. A veces se les llama "bolas de nieve sucias". La bola de nieve es la cabeza del cometa. Cuando un cometa se acerca al Sol, el hielo de la cabeza se derrite. Entonces se ve una franja luminosa de polvo y gas que mide millones de kilómetros de largo. Esa franja es la que se conoce como cola del cometa. El polvo y el gas brillan porque reflejan la luz solar.

Esta imagen del cometa Hale-Bopp se tomó el 7 de marzo de 1997. Se le considera uno de los cometas más brillantes de todos los tiempos.

La mayoría de los **meteoroides** son rocas muy pequeñas que se encuentran en el espacio. Por lo general, se queman mientras cruzan la atmósfera a toda velocidad. Cuando eso sucede, se llaman **meteoros**. También se les conoce como estrellas fugaces. Algunos meteoroides grandes han chocado contra la superficie de la Tierra y han formado grandes cráteres. Ese tipo de meteoroides se llaman **meteoritos**.

Cuando un meteorito choca contra la superficie de un planeta, la fuerza del impacto crea un cráter.

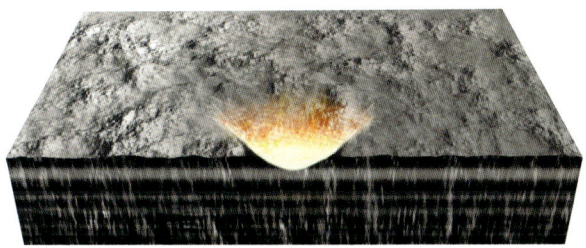

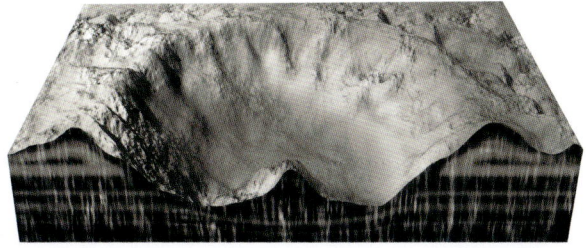

Maria Mitchell

El espacio ha despertado la curiosidad de los seres humanos desde que habitan la Tierra. Pero algunas personas son más que curiosas. Dedican su vida a averiguar qué hay en el cielo. La primera mujer estadounidense que llegó a ser astrónoma fue Maria Mitchell. Además, descubrió un cometa a principios del siglo xx. ¡Abrió el camino para que muchas otras personas curiosas también se dedicaran a la astronomía!

Las constelaciones

Hace siglos, los seres humanos usaban las estrellas como ayuda para orientarse. Por ejemplo, la estrella polar está prácticamente arriba del Polo Norte. Si alguien veía esa estrella, sabía que estaba mirando hacia el norte.

Las personas también imaginaron dibujos al observar ciertos grupos de estrellas. Trazaron animales, objetos y criaturas mitológicas. Se nombraron 88 **constelaciones**. Así se pudo trazar un mapa de las 6,000 estrellas que se veían a simple vista.

¿Has oído hablar de la Osa Mayor? Es la constelación que incluye el grupo de estrellas conocido como "el Gran Cucharón". ¿Has oído hablar de Orión? Se pensaba que sus tres estrellas brillantes dispuestas en fila se parecían al cinturón de un cazador mitológico.

Estrellita, ¿dónde estás?

En una noche despejada y lejos de las luces de la ciudad, ¡se pueden ver entre 1,500 y 3,000 estrellas!

¿Hasta qué altura puede llegar un globo de helio?

Cuando sueltas un globo de helio y se va flotando, ¿te preguntas hasta qué altura puede llegar? Puedes seguirlo con la mirada durante un rato, pero luego lo pierdes de vista. Bueno, un globo de helio puede volar muy alto, pero no tan alto como para llegar al espacio exterior. A medida que el globo se eleva, el aire que lo rodea se vuelve más delgado y más frío. Debido a esos cambios, el globo aumenta de tamaño a medida que asciende. Finalmente, crece tanto que estalla y el helio se libera en la atmósfera. La altura que alcance el globo dependerá de la cantidad de helio que contenga. ¡Los globos de cumpleaños comunes y corrientes pueden llegar tan alto como un avión pequeño!

Laboratorio: **recolectar**

¿Sabías que puedes encontrar elementos del espacio exterior en el patio de tu casa? Hay pequeñas partículas de rocas espaciales flotando en la atmósfera. Flotan hasta que el polvo y el agua los depositan en el suelo. Esas partículas de roca son micrometeoritos. El mejor momento para recolectarlos es después de una lluvia de meteoros.

Materiales

- 2 platos poco profundos (resistentes al calor)

- agua destilada (2 tazas aproximadamente, lo suficiente para llenar un plato)

- imán

- envoltorio plástico o bolsa para sándwiches

- fuente de calor para hervir agua (opcional)

- microscopio o lupa

- 2 portaobjetos y cubreobjetos para microscopio

- pegamento de montaje

- gotero

- aguja de coser o alfiler grande

Procedimientos

1 Pon un plato afuera para recoger agua de lluvia. O deja el plato afuera durante varios días.

micrometeoritos

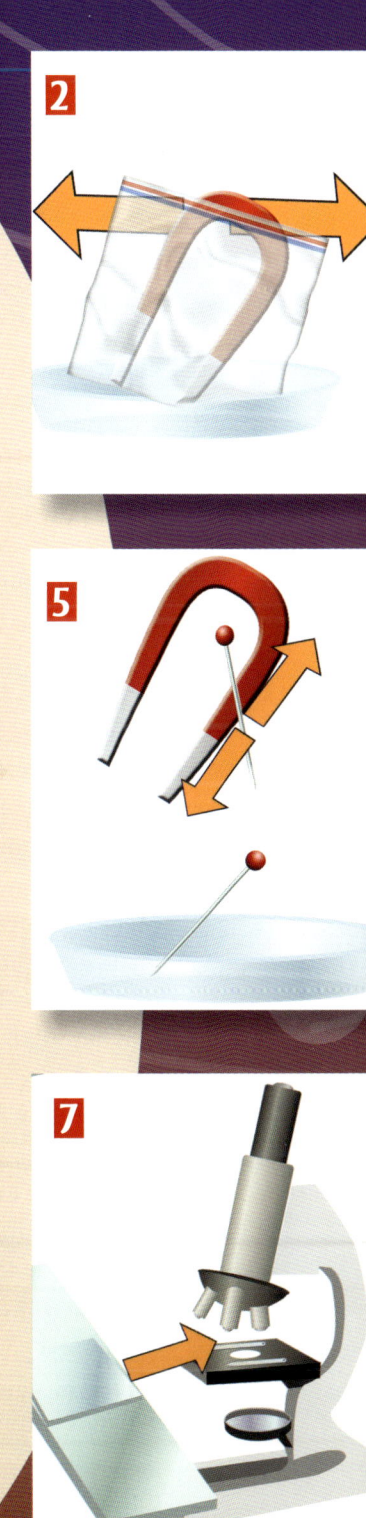

2 Cubre un imán con un envoltorio plástico o con una bolsa para sándwiches. Pasa el imán envuelto por el agua del recipiente colector, en especial, por el fondo y los lados del recipiente. (Los micrometeoros tienen mucho hierro, así que se pegarán al imán).

3 Llena un segundo plato con agua destilada. Coloca el imán con su envoltorio en el plato lleno de agua destilada. Retira el plástico del imán y muévelo despacio para que los micrometeoros caigan al fondo del plato.

4 Retira el plástico del agua destilada. Hierve el agua del plato hasta que se evapore. (Pídele ayuda a un adulto). O deja que se evapore naturalmente.

5 Magnetiza una aguja o un alfiler frotándolo contra el imán durante alrededor de un minuto. Arrastra el alfiler o la aguja por los lados y el fondo del plato.

6 Golpea despacio la aguja o el alfiler contra un portaobjetos para microscopio hasta que caigan las muestras.

7 Pega un cubreobjetos sobre las muestras. Examina las partículas. ¡Las partículas metálicas redondeadas y agujereadas probablemente sean micrometeoritos!

Glosario

asteroide: un objeto rocoso pequeño que gira alrededor del Sol

astrónomos: los científicos que estudian los objetos del espacio

atmósfera: una capa de gas que rodea algunos planetas y lunas

cinturón de Kuiper: una región del espacio llena de pequeños cuerpos helados que orbitan alrededor del Sol

cometas: cuerpos celestes hechos de hielo, polvo y otros materiales que se desplazan y dejan una estela luminosa de gas y polvo cuando pasan cerca del Sol

constelaciones: patrones de estrellas

cráteres: depresiones en forma de cuenco en la superficie de un planeta o de una luna causadas por el impacto de otros cuerpos, como asteroides o cometas

estrellas: en el espacio, grandes cuerpos luminosos compuestos por gases

gravedad: una fuerza que hace que los objetos se atraigan

Júpiter: el quinto planeta en orden de proximidad al Sol y el más grande del sistema solar

luna: un satélite natural que orbita alrededor de un planeta

Marte: el cuarto planeta en orden de proximidad al Sol

masa: la medida de la cantidad de materia que tiene un objeto

materia: todo lo que ocupa espacio y tiene masa

Mercurio: el planeta más cercano al Sol y el más pequeño del sistema solar

meteoritos: fragmentos de roca espacial que chocan contra un planeta o una luna

meteoroides: objeto sólidos que flotan en el espacio

meteoros: meteoroides que ingresan, y por lo general se queman, en la atmósfera de la Tierra

Neptuno: el octavo planeta en orden de proximidad al Sol

órbita: la trayectoria de un objeto mientras gira alrededor de otro objeto en el espacio

planeta enano: una masa esférica pequeña que gira en el espacio alrededor de una estrella, pero que no ha despejado otros objetos de su órbita

planetas: masas sólidas y esféricas que giran en el espacio alrededor de una estrella y que han despejado otros objetos de su órbita

planetas interiores: los cuatro planetas rocosos más cercanos al Sol

Plutón: un planeta enano cuya órbita se cruza con la de Neptuno

rotación: un giro completo de un objeto sobre su eje

Saturno: el sexto planeta en orden de proximidad al Sol

sistema solar: un grupo de planetas que giran alrededor de una estrella

Tierra: el tercer planeta en orden de proximidad al Sol, donde vivimos los seres humanos

Urano: el séptimo planeta en orden de proximidad al Sol

Venus: el segundo planeta en orden de proximidad al Sol

Vía Láctea: la galaxia espiral en la que se encuentra nuestro sistema solar

Índice

Armstrong, Neil, 15

asteroide, 22, 24

astrónomo, 5, 19, 22, 25

atmósfera, 12, 18, 25

cinturón de Kuiper, 22

cometas, 24

constelaciones, 26

cráteres, 10, 25

estrella, 4–8, 25–26

galaxia, 4–5

gravedad, 6–7, 9, 18, 20

Júpiter, 8, 16–18, 24

lunas, 4, 8, 13, 15, 16–21

Marte, 8, 10, 16, 24

masa, 6, 9

materia, 7

Mercurio, 8–10

meteorito, 25

meteoro, 25

meteoroide, 24–25

Mitchell, Maria, 25

Neptuno, 8, 20, 22

órbita, 5, 9, 12, 18, 21–22, 24

planeta, 4–6, 8–13, 16–22

planeta enano, 21–22

planetas interiores, 10

Plutón, 8, 20 –22

rotación, 8, 12

Saturno, 8, 18

sistema solar, 4, 6, 8, 11–13, 16, 18, 24

Sol, 4–6, 8–12, 14, 21–22

Tierra, 4, 6–16, 23, 25

Urano, 8, 18–20

Venus, 8, 10–11

Vía Láctea, 5

Sally Ride Science™ es una innovadora empresa de desarrollo de contenido que se dedica a incentivar el interés de los jóvenes en las ciencias. Nuestras publicaciones y programas brindan a estudiantes y maestros la oportunidad de explorar el maravilloso mundo de las ciencias, desde la astrobiología hasta la zoología. Trabajamos para hacer que las ciencias cobren vida y para mostrarles a los jóvenes lo creativas, colaborativas, fascinantes y divertidas que pueden ser.

Créditos de imágenes